Les saveurs de la Grèce!

Recettes de "Rena de Ftelia".
Recueil des meilleures recettes grecques de Rena.

EIRINI TOGIA

Édition française
Par Eirini Togia - © 2014-2015

Écrit et cuisiné par
Eirini Togia

Photos de
Vangelis Paterakis

Direction et décoration culinaire de
Konstantinos Togias

Gourmets
Bessy Togia, Gina Togia

Traduit en français
Vasilis Tziovaras

Édition et révision
Élodie Bontoux, Vimal Seomore

Copyright

Les saveurs de la Grèce!
Recettes de "Rena de Ftelia".
Recueil des meilleures recettes grecques de Rena.

Greek title: Rena Tis Ftelias: Dishes we have loved!
Parent ISBN: 978-1-910370-08-7

© Eirini Togia, 2014-2015
Photographies © Vangelis Paterakis
Photo stock agency: Dreamstime.com

Édition française
ISBN-Hardcover: 978-1-910370-60-5 (Stergiou Limited-Attribué)
ISBN-Paperback: 978-1-910370-58-2 (Stergiou Limited-Attribué)
ISBN-Paperback: 978-1505408751 (CreateSpace-Attribué)

English - digital edition
Édition française eBook
ISBN-EPUB: 978-1-910370-59-9 (Stergiou Limited-Attribué)

Langue originale: grecque

STERGIOU LIMITED
Suite A, 6, rue Honduras, Londres
EC1Y 0TH, Royaume-Uni
Tél: +44 (0) 20 7504 1325
Fax: +44 (0) 20 76920609
Email: publications@stergioultd.com
Site web: http://stergioultd.com

All rights reserved.

*À ma famille
et a ceux que
j'aime!*

REMERCIEMENTS
Un grand merci à Sarris' catering, et en particulier à M. Manolis Pangalos pour avoir fourni la vaisselle utilisée pour la photographie.

Contenu

Avant-propos 7

Les gemista de mon enfance (poivrons et tomates farcis)! 8

Salade de doliques à œil noir, assaisonnement & olives 10

Tomatokeftedes croustillants avec beaucoup de menthe poivrée 12

Hortopita aromatique avec de la pâte "phyllo" (feuille) faite maison 14

Salade de poulpe bien assaisonnée aux poivrons colorés 16

Calamars farcis 18

Salade colorée de courgettes et de pommes de terre 20

Œufs poêlés à la tomate et à la féta 22

Pâtisseries kadaïfi croustillantes farcies avec une variété de fromages grecs 24

Betteraves farcies au yaourt et noix concassées 26

Crevettes Saganaki aux tomates fraîches, féta et ouzo 28

Le pâté de Rena au saumon grec fumé 30

Jardinière de légumes... cuite au four 32

Dolmadakia (feuilles de vignes farcies) avec des feuilles fraîches! 34

Ragoût de haricots aux tomates séchées 36

Le Sofrito (veau poêlé et pommes de terre), l'authentique recette originaire de Corfou! 38

Ragoût de poulet aux gombos 40

Aubergines farcies (imam bayildi) 42

Savoureuse fasolada avec beaucoup de céleri et des poivrons doux de Florina! 44

Courgettes farcies à la viande hachée et à l'avgolemono (sauce aux œufs et au citron) 46

La pastitsada traditionnelle… à la cannelle 48

Petits pains de viande farcis à l'omelette et au graviera 50

Petites bouchées de veau au fromage féta et aux olives de Kalamata 52

Artichauts aux petits pois, pommes de terre et beaucoup de citron 54

Poulet braisé aux chilopites (nouilles grecques) 56

Le fameux agneau cuit au four au citron et à l'origan 58

Youvetsi préparé à la casserole 60

Bouchée de morue à la skordalia) 62

Ragoût de perche blanche au jus de citron et aux pommes de terre 64

La Giouvarlakia de notre grand-mère (soupe de boulettes de viande) 66

Ragoût de porc aux poireaux et au céleri… Ceci se passe de commentaires 68

Aubergines farcis sauce féta 70

Ragoût de seiche bien assaisonné et orzo 72

Boulettes de viande frites et croustillantes 74

Yahni de chou-fleur (ragoût)) 76

Haricots de lima cuits au four avec des herbes 78

La moussaka traditionnelle, légère et aromatique 80

Bouchées de poulet à l'aneth et aux courgettes ... 82

Ragoût de porc aux haricots secs 84

Salade de crevettes avec du riz, colorée et parfumée! 86

Bouillabaisse... soupe de poisson 88

Loukoumades au miel et au yaourt 90

Samali (gâteaux de semoule au sirop) 92

Confiture aux 3 pêches faite à la maison 94

Vissinada (sirop de griottes), une boisson de bienvenue! 96

Chef Eirini Togia 98

© Anna Raspopova | Dreamstime.com

Avant-propos

35 longues années se sont écoulées et nous ne nous en sommes même pas rendu compte! Ensemble, nous avons voyagé de Mykonos à Athènes et partout où nos mémoires gustatives nous ont conduits! Ensemble, nous nous sommes souvenus des saveurs de notre enfance, et ensemble nous avons découvert et sommes retombés amoureux des recettes simples et traditionnelles. J'ai voulu pendant longtemps partager certaines des meilleures recettes de toutes ces années avec vous. Alors, me voici maintenant prête à concrétiser cela! Et, soit dit en-passant, j'aimerais vous remercier pour tous ces moments que nous avons partagés ensemble tout au long de ces années.

L'inspiration et les créations ne s'arrêtent pas ici. À suivre…

Les gemista de mon enfance (poivrons et tomates farcis)!

C'est une recette que l'on cuisine dans toutes les maisons, surtout en été étant donné que les ingrédients sont de saison après tout. On les déguste avec un morceau de féta et du pain.

© Vangelis Paterakis

Recette pour ●●●●●●   80′

Méthode de préparation

Préchauffez le four à 200 degrés.

Coupez la partie supérieure des tomates, évidez-les à l'aide d'une petite cuillère, mettez un peu de sucre à l'intérieur et retournez-les. Coupez la partie supérieure des poivrons et faites 2 ou 3 petites incisions sur chacun d'eux. Évidez les aubergines et faites les mêmes incisions que sur les poivrons. Faites de même pour les courgettes.

Dans une casserole, mettez les oignons, la moitié de l'huile d'olive, la pulpe des courgettes et des aubergines coupée en cubes, le persil, la menthe, la moitié du jus de tomate, le sel et le poivre. Faites-les sauter pendant 2 à 3 minutes puis, ajoutez un peu d'eau et lorsque le tout commence à bouillir, ajoutez le riz et remuez pour éviter que les grains ne se collent. Retirez du feu et laissez refroidir légèrement.

Après que le mélange ait légèrement refroidi, farcissez les tomates, les poivrons, les aubergines et les courgettes avec la farce. Recouvrez chaque tomate et chaque poivron avec leur capuchon. Disposez les légumes farcis dans un plat à gratin. Salez et poivrez les pommes de terre et placez-les entre les légumes.

Arrosez le tout avec le reste d'huile d'olive. Puis, ajoutez-y la pulpe des tomates, ainsi que le reste du jus de tomate et de l'eau. Recouvrez le plat de papier aluminium et mettez-le au four pendant 40 à 45 minutes. Puis, retirez la feuille de papier aluminium et laissez cuire au four pendant 15 minutes environ jusqu'à obtenir un aspect doré.

Secret

Ne faites pas trop cuire le riz sur le feu, parce qu'il cuira également au four.

Ingrédients

4 tomates moyennes,

3 poivrons verts de taille moyenne,

3 aubergines moyennes,

3 courgettes moyennes,

1 kg de pommes de terre coupées en quartiers,

500 g de riz à grains ronds (comme celui utilisé pour le risotto ou pour la paella),

4 oignons râpés,

1 botte de persil haché,

1 botte de menthe hachée,

1 verre à eau d'huile d'olive,

sel, poivre, sucre,

1.5 verre à eau de jus de tomate et 2 verres d'eau.

Salade de doliques à œil noir, assaisonnement & olives

Une salade simple et parfumée avec les doliques de l'ile de Mykonos. Vous avez bien lu ! Mykonos ! C'était là-bas qu'on a gouté cette salade pour la première fois! C'est un plat rassasiant et nutritif, idéal comme plat principal pour les gens soucieux de leur alimentation.

© Vangelis Paterakis

Recette pour ● ● ● ● ● ● ● 25′

Méthode de préparation

Lavez soigneusement les doliques. Dans une casserole, ajoutez beaucoup d'eau et portez-la à ébullition.

Lorsque l'eau commence à bouillir, ajoutez-y les doliques et laissez-les bouillir. Égouttez-les, rincez-les abondamment pour éliminer leur noirceur, puis laissez-les égoutter et refroidir.

Mettez les doliques dans un saladier, ajoutez-y les oignons, le persil, l'aneth, les poivrons et les tomates.

Ajoutez également du sel et mélangez tous les ingrédients.

Couvrez la salade avec un film alimentaire et mettez-la au réfrigérateur pendant une ou deux heures afin qu'elle refroidisse.

Dans un shaker, mettez l'huile et le vinaigre, agitez vigoureusement et versez le mélange sur la salade.

Ajoutez un peu de sel et de poivre, puis les olives et servez la salade froide.

Ingrédients

500 g de doliques à œil noir,

3 oignons finement hachés,

1 botte d'oignons verts hachés,

1 botte de persil haché,

1 botte d'aneth haché,

4 poivrons de toutes les couleurs finement hachés,

5-6 tomates juteuses coupées en dés,

de l'huile d'olive,

du vinaigre,

du sel et un peu de poivre,

des olives de Kalamata.

© Zts | Dreamstime.com

Tomatokeftedes croustillants (galettes de tomates grecques) avec beaucoup de menthe poivrée

Une recette originale et traditionnelle de Santorin. Il s'agit d'un mezzé (amuse-bouche) rapide et savoureux à accompagner d'un bon verre d'ouzo, de bière ou de vin blanc.

© Vangelis Paterakis

Recette pour ● ● ● ● 25'

Méthode de préparation

Dans un bol, mélangez la farine et toute l'eau (faites attention à ne laisser aucun grumeau).

Ajoutez les tomates, les oignons et la menthe poivrée puis, mélangez bien le tout.

Versez l'huile dans la poêle.

Quand elle est chaude, ajoutez-y le mélange cuillère par cuillère et faites le frire des deux côtés.

Faites frire les tomatokeftedes avec soin pour ne pas les brûler et chaque fois que vous les tournez, faites attention à ne pas les trouer car cela les ferait se remplir d'huile.

Et voilà!

Des tomatokeftedes avec une belle couleur rouge-doré.

Secrets

1. Si le mélange n'est pas assez épais, ajoutez un peu plus de farine.
2. Si vous le souhaitez, vous pouvez rajouter aux ingrédients une courgette et une aubergine coupées en dés.

Ingrédients

4-5 tomates juteuses découpées en dés,

2 oignons découpés en dés,

1 botte de menthe poivrée fraîche et hachée,

1 tasse d'eau,

2 tasses de farine ordinaire,

du sel,

du poivre et de l'huile pour la friture.

Hortopita aromatique (tourte aux légumes et au fromage) avec de la pâte "phyllo" (feuille) faite maison

En plus d'avoir remporté une médaille d'or, elle a également conquis nos cœurs! Une tourte classique, salée à point et avec les aromates de votre choix. Ajoutez les herbes de votre choix et vous aurez de délicieuses variations.

© Vangelis Paterakis

Recette 1 moule à tarte   45'

Méthode de préparation

Préparez la pâte phyllo. Dans un bol, mélangez les ingrédients et pétrissez le tout jusqu'à l'obtention d'une pâte homogène. Divisez la pâte en deux parts.

Préchauffez le four à 160 degrés.

Nettoyez et lavez soigneusement les épinards. Égouttez-les. Dans une casserole sur feu doux, versez l'huile d'olive, puis les oignons, le poireau, l'aneth, le sel, le poivre et laissez bouillir pendant 10 minutes. Ajoutez les épinards bien égouttés et laissez la casserole sur le feu jusqu'à ce que les épinards aient résorbé leur eau. Éteignez le feu et laissez refroidir.

Ajoutez au mélange les œufs, la féta, le cheddar râpé et le lait. Mélangez le tout avec vos mains jusqu'à ce que le tout soit homogène.

Étalez la pâte phyllo avec un rouleau à pâtisserie. Préparez une deuxième abaisse. Dans un plat à gratin, badigeonnez un peu d'huile d'olive sur le moule à tarte et disposez la première abaisse. Ajoutez le mélange en l'étalant, puis placez la deuxième abaisse sur le mélange et versez un peu d'huile au-dessus. Coupez l'hortopita en part.

Enfournez-la et laissez-la cuire pendant environ 1 heure.

Ingrédients

1,5 kg d'épinards frais hachés,

1 poireau coupé en rondelle,

2 oignons râpés,

1 botte d'oignons nouveaux,

1 botte d'aneth haché,

6 œufs,

400 g de féta en morceaux,

200 g de cheddar râpé,

1 verre à vin d'huile,

1 verre à vin de lait concentré sans sucre et non dilué,

du sel,

du poivre et un peu d'huile pour le plat de cuisson.

Ingrédients pour la pâte phyllo

1 paquet de farine avec levure incorporée (500 g), 1 œuf, 1 pot de yaourt (200 g), 1 tasse d'huile d'olive, un peu de sel, 100 g de fromage affiné râpé.

Salade de poulpe bien assaisonnée aux poivrons colorés

Un verre d'ouzo accompagné d'une salade de poulpe... Y a-t-il meilleure combinaison?

Recette pour ● ● ● ●   30'

Méthode de préparation

Lavez soigneusement le poulpe avec beaucoup d'eau. Mettez-le dans une casserole et laissez-le à feu doux pendant 3 à 4 minutes. Ajoutez le vin et un peu d'eau et portez le tout à ébullition. Quand cela bout, retirez le poulpe de la casserole et coupez-le en morceaux.

Dans un grand saladier, mélangez le poulpe, les oignons, les poivrons, le fenouil et le céleri. Ajoutez un peu de sel. Couvrez la salade avec un film alimentaire et réservez-la au réfrigérateur pendant environ 2 heures.

Agitez vigoureusement l'huile et le vinaigre dans un shaker et versez la vinaigrette sur la salade.

Servez avec du poivre fraîchement moulu et quelques olives.

© Alexander Raths | Dreamstime.com

Ingrédients

1 poulpe (1000-1200 g),

1 verre à eau de vin rouge,

2 oignons découpés en rondelles,

1 poivron vert découpé en rondelles,

1 poivron rouge de Florina découpé en rondelles,

la moitié d'une botte de fenouil émincé,

une botte de céleri haché,

1 verre à eau et demi d'huile d'olive,

un demi verre à eau de vinaigre,

du sel,

du poivre fraîchement moulu et quelques olives pour la garniture.

Calamars farcis

C'est une manière différente de manger des calamars. Légère, au goût de vin, et... fantastique!

Recette pour ●●●● 60'

Méthode de préparation

Lavez les calamars avec beaucoup d'eau. Coupez les tentacules et nettoyez l'intérieur des calamars. Retirez les os, l'encre, les entrailles et puis la peau. Lavez les tentacules et hachez-les finement, jetez les yeux et la bouche.

Dans une casserole, versez 1 verre à vin d'huile d'olive et faites revenir les oignons avec la ciboule pendant 6 à 8 minutes. Ensuite, ajoutez-y les tentacules et déglacez avec le vin. Salez, poivrez et ajoutez 1 tasse d'eau.

Quand l'eau commence à bouillir, ajoutez-y le riz et remuez bien pour éviter que les grains ne collent entre eux. Lorsque le riz est presque prêt ajoutez-y la pulpe des oranges, les raisins secs, la menthe et faites cuire le mélange jusqu'à absorption totale du liquide.

Laissez refroidir la farce, puis farcissez chaque calamar et mettez au bout un cure-dent pour empêcher la farce de se déverser. Mettez-les dans la casserole avec 2 cuillères à soupe d'huile d'olive, un peu d'eau et le jus de citron. Laissez-les mijoter à feu doux et lorsque c'est prêt, servez-les sur un plat.

Secret

Laissez mijotez jusqu'à ce que les calamars soient bien tendres.

Ingrédients

1 kg de calamars de taille moyenne,

1 tasse de riz à grains ronds,

1 tasse d'huile,

2 ou 3 oignons râpés,

1 botte de ciboule hachée,

150 g de raisins secs (ayant été trempés dans de l'eau pendant dix minutes et égouttés),

la pulpe de 2 oranges coupée en dés,

1 botte de menthe hachée,

1 verre de vin blanc,

1 verre à vin de jus de citron,

2 cuillères à soupe d'huile,

du sel et du poivre fraîchement moulu.

Salade colorée de courgettes et de pommes de terre

Pour certains, c'est la salade d'été idéale. Mais bien sûr c'est le meilleur choix pour le repas de Pâques, avec les œufs que nous avons retrouvés!

Recette pour ● ● ● ● ● ● 🕐 40'

Méthode de préparation

Lavez bien les pommes de terre et les courgettes et faites-les bouillir. Égouttez-les, puis épluchez les pommes de terre après les avoir laissé refroidir.

Dans un grand saladier, mettez les pommes de terre, les courgettes, les radis, les tomates cerise, les oignons, les échalotes, le persil et l'aneth. Couvrez la salade avec un film alimentaire et réservez-la au réfrigérateur afin qu'elle refroidisse.

Dans un shaker, agitez vigoureusement l'huile d'olive et le vinaigre avec du sel, du poivre et de l'origan. Ajoutez les olives et les œufs à la salade et versez-y la vinaigrette. Ajoutez un peu de poivre fraîchement moulu et servez la salade froide.

Ingrédients

10 petites pommes de terre rondes,

10 petites courgettes,

2 œufs durs coupés en 4,

10 petits radis,

10 tomates cerises,

10-15 olives,

3-4 échalotes hachées,

1 botte de persil haché,

1 botte d'aneth finement hachée,

1 verre à eau d'huile d'olive,

un demi verre à vin de vinaigre, de l'origan,

du sel et du poivre.

© Cristina Annibali | Dreamstime.com

Œufs poêlés à la tomate et à la féta

Une alternative à la fameuse strapatsada (œufs brouillés) de Corfou. Vous pouvez aussi essayer cette Recette pour: le petit déjeuner!

Recette pour ● ● 　　　　　　　　　　　　　　　　　　　　20′

Méthode de préparation

Dans une poêle mettez les tomates hachées et le jus de tomate.

Laissez-les sur un feu doux, et lorsque la sauce commence à s'épaissir, ajoutez-y l'huile d'olive et le poivron vert.

Remuez la sauce et ajoutez-y les œufs entiers (comme des œufs au plat). Salez, poivrez et laissez les œufs cuire à feu doux.

Retirez la poêle du feu, parsemez les morceaux de féta et remuez la poêle avec précaution 2 à 3 fois.

Servez sans attendre en ajoutant du poivre fraîchement moulu.

Ingrédients

4 œufs,

4-5 tomates pelées et grossièrement hachées,

1 verre à vin de jus de tomate,

1 poivron vert émincé,

200 g de féta coupée grossièrement,

un demi verre à vin d'huile d'olive,

du sel et du poivre.

© Shane White | Dreamstime.com

Pâtisseries kadaïfi croustillantes farcies avec une variété de fromages grecs

Le kadaïf salé ! Une tarte qui sort de l'ordinaire pour ceux qui aiment le kadaïf sous toutes ses formes.

Recette **20 petits kadaïfs**   30'

Méthode de préparation

Sortez la pâte du réfrigérateur pour la décongeler complètement.

Préchauffez le four à 160 degrés.

Dans un bol, mélangez les fromages râpés, un œuf et un peu moins de la moitié de la crème. Parsemez un peu de poivre et mélangez soigneusement le tout.

Prenez un peu de pâte, et étalez-la. Mettez une cuillerée du mélange de fromages au-dessus.

Roulez-le comme un petit cigare.

Placez tous les rouleaux sur un plat à four, l'un à côté de l'autre.

Dans un autre bol, mélangez l'œuf restant avec le reste de crème.

Versez la crème sur les petits rouleaux, et faites-les cuire au four pendant 25 minutes environ.

Quand ils obtiennent une belle couleur doré, ils sont prêts.

Mangez-les lorsqu'ils sont chauds.

Ingrédients

500g de pâtes à kadaïf,

800 g de fromages râpés (féta, kasseri, graviera),

2 œufs,

500 g de crème liquide,

du poivre fraîchement moulu.

© Paul Cowan | Dreamstime.com

Betteraves farcies au yaourt et noix concassées

Une autre façon de savourer les betteraves. Le yaourt leurs donne une dimension bien supérieure!

© Vangelis Paterakis

Recette pour ●●●●   🕐 40′

Méthode de préparation

Mettez une casserole avec beaucoup d'eau sur un feu vif. Lorsque l'eau commence à bouillir, ajoutez-y les betteraves et faites-les bouillir.

Une fois cuites, égouttez-les et laissez-les refroidir.

Puis, épluchez-les et évidez-les comme on l'a fait avec les tomates farcies, videz-les de leur pulpe, puis mettez un peu de vinaigre à l'intérieur et retournez-les.

Dans un bol, découpez la pulpe des betteraves en petits morceaux et ajoutez-y la moitié des cerneaux de noix, le thon, la moitié du yaourt, la moitié de mayonnaise, la pomme verte, le sel et le poivre. Mélangez tous les ingrédients ensemble et farcissez les betteraves une par une. Mélangez le reste de mayonnaise et de yaourt. Recouvrez le dessus de chaque betterave d'une cuillère à café du mélange yaourt-mayonnaise et parsemez dessus un peu de cerneau de noix.

Couvrez les betteraves avec un film alimentaire et réservez-les au réfrigérateur pendant 2 heures. Servez-les froides.

C'est une salade très rafraîchissante et savoureuse!

Secrets

1. Si vous le souhaitez, vous pouvez ajouter un peu d'ail émincé très finement.
2. Faites cuire les betteraves jusqu'à ce qu'elles soient tendres.

Ingrédients

8 betteraves de taille moyenne,

du vinaigre pour les betteraves,

1 yaourt nature,

2 tasses de mayonnaise,

2 tasses de cerneau de noix concassées grossièrement,

1 verre à vin de vinaigre,

1 boîte de thon à l'eau bien égoutté et émietté grossièrement,

1 pomme verte coupée en dés,

du sel et du poivre.

Crevettes Saganaki aux tomates fraîches, féta et ouzo

Saganaki classique aux crevettes. Dans cette version, l'ouzo est ajouté à la casserole et la féta accompagne les crevettes, c'est l'un des plats d'été les plus enivrants.

Recette pour ● ● ● ● 40'

Méthode de préparation

Mettez une casserole sur le feu avec beaucoup d'eau ainsi qu'avec les feuilles de laurier. Quand l'eau commence à bouillir, ajoutez-y les crevettes et laissez-les bouillir pendant 5 à 6 minutes. Égouttez-les et lorsqu'elles ont refroidies, pelez-les. Avec un couteau bien aiguisé faites une incision sur la courbe extérieure du corps de la crevette et retirez son tube digestif.

Dans une casserole, à feu moyen, ajoutez les tomates avec de l'huile d'olive, le sel, le poivre, le sucre et le tabasco. Ajoutez 1 verre à vin d'eau, remuez et laissez mijoter la sauce, jusqu'à ce qu'elle s'épaississe.

Un peu avant de retirer la casserole du feu, ajoutez l'ouzo, les crevettes et la féta et laissez-les mijoter pendant 1 à 2 minutes.

Saupoudrez le tout avec beaucoup de poivre fraîchement moulu et servez.

Secret

Lorsque vous ajoutez les crevettes, la sauce doit être déjà assez épaisse. Si vous voulez, ajoutez un peu d'ail finement émincé.

Ingrédients

1 kg de crevettes moyennes,

3-4 feuilles de laurier,

4-5 tomates pelées et concassées grossièrement,

1 verre à vin d'huile d'olive,

sel et poivre fraîchement moulu,

un peu de sucre, un peu de tabasco,

1 verre à vin d'ouzo,

250 à 300 g de féta coupée grossièrement.

Le pâté de Rena au saumon grec fumé

Nous avons marié la truite et le saumon, pour en faire, simplement et rapidement, un plat unique pour les grandes occasions.

Recette 10-12 pièces 20′

Méthode de préparation

Nettoyez les truites, retirez les arêtes (s'il y en a) et mettez-les dans le mixeur avec le saumon, le jus de citron et le zeste de citron. Mixez pendant 2 à 3 minutes.

Versez le mélange dans un grand bol, ajoutez-y le poivre, les oignons et la mayonnaise, puis mélangez soigneusement les ingrédients.

Versez le mélange dans un moule rectangulaire, couvrez-le d'un film alimentaire et réservez-le au réfrigérateur pendant environ 2 heures.

Sortez le moule du réfrigérateur et laissez-le à température ambiante pendant 10 minutes.

Coupez le pâté en tranches et enroulez chaque morceau avec une tranche de saumon.

Ou alors vous pouvez également mettre une tranche de saumon élégamment plié sur chaque morceau de pâté (comme sur la photo).

Servez avec un peu d'aneth haché.

Ingrédients

3 filets de truite fumée,

500g de saumon fumé,

1 de ciboule,

8-10 grains de poivre noir,

3 tasses de mayonnaise,

le zeste d'un citron,

1 verre à vin de jus de citron,

des tranches de saumon,

et de l'aneth haché pour garnir le tout.

Jardinière de légumes... cuite au four

...connue sous le nom de "briam" ou de "tourlou". Voici un autre plat traditionnel, délicieux, rapide et économique. Vous pouvez y ajouter n'importe quels légumes que vous ayez à portée de main.

© Vangelis Paterakis

Recette pour ● ● ● ● ● ● 🕐 20'

Méthode de préparation

Préchauffez le four à 200 degrés.

Mettez tous les ingrédients dans un plat à four et mélangez-les bien et ajoutez de l'eau.

Couvrez le plat à four avec du papier aluminium et enfournez-le.

Après une heure environ, vérifiez le plat pour vous assurer que les légumes soient bien cuits et qu'il n'y ait plus d'eau.

S'il faut plus de temps pour la cuisson, remettez-le plat au four et ajoutez un peu plus d'eau.

Lorsque c'est prêt, enlevez-le papier aluminium et renfournez pendant 15 minutes environ afin que les légumes prennent un peu de couleur et pour que les pommes de terre soient dorées et croustillantes.

Secrets

1. Version alternative: essayez la cuisson à la casserole!
2. Les aubergines, les poivrons et les courgettes doivent être coupés en lamelles.

Ingrédients

1 kg de pommes de terre pelées et coupées en tranches,

2 aubergines coupées en tranches,

2 courgettes coupées en tranches,

2 oignons émincés,

1 poivron vert coupé en tranches,

1 poivron rouge coupé en tranches,

2 kg de tomates pelées et grossièrement concassées,

10 gombos,

10 haricots verts frais,

1/2 botte de menthe fraîche hachée,

1/2 botte de persil haché,

1/2 botte de céleri haché,

1 petit verre à vin d'huile d'olive, de l'origan,

du sel,

du poivre,

1 cuillère à soupe de sucre et 2 verres d'eau.

Dolmadakia (feuilles de vignes farcies) avec des feuilles fraîches!

La recette de nos grands-mères. Essayez de faire vos propres feuilles de vigne farcies et vous en serez récompensé par leur goût!

Recette 50-60 pièces   60'

Méthode de préparation

Mettez de l'eau dans une casserole et quand elle bout, faites blanchir les feuilles de vigne dix par dix pendant 1 à 2 secondes de chaque côté.

Retirez-les de l'eau avec une écumoire et laissez-les refroidir.

Dans une autre casserole, mettez l'huile d'olive et faites revenir les oignons pendant 5 minutes.

Ajoutez toutes les épices, du sel et du poivre, 2 tasses d'eau chaude et le riz. Faites bouillir le riz.

Quand le riz est presque cuit, ajoutez le jus de citron. Laissez-le cuire tout petit peu plus longtemps, et puis retirez la casserole du feu.

Prenez chaque feuille de vigne l'une après l'autre, déposez une cuillère à café du mélange au milieu de la feuille de vigne, et enroulez-les très serré.

Puis, disposez-les dans une grande casserole, côte à côte pour éviter qu'elles ne bougent durant la cuisson.

Versez un demi-verre d'eau au-dessus et couvrez-les avec une assiette.

Mettez la casserole sur le feu et laissez-les mijoter pendant 8-10 minutes environ. Laissez-les refroidir.

Servez les feuilles de vigne farcies dans un plat avec un peu de yaourt saupoudré de paprika doux.

Ingrédients

50-60 petites feuilles de vigne tendres,

1 tasse de riz petit grain,

3 oignons râpés,

8-10 échalotes,

1 botte d'aneth haché,

1 fenouil finement émincé,

1 botte de persil haché,

1 verre à vin d'huile d'olive,

1 verre à eau de jus de citron,

sel et poivre, un peu de yaourt et de paprika pour la garniture.

Ragoût de haricots aux tomates séchées

Simple et délicieux...un plat d'été classique avec des poivrons et des tomates séchées pour le rendre encore plus délicieux!

Recette pour ● ● ● ● ● ● 　　　　　　　　　　　　　　　　　60'

Méthode de préparation

Pelez les haricots. Mettez-les dans une passoire et lavez-les abondamment à l'eau froide.

Dans une casserole versez l'huile d'olive et faites revenir les oignons pendant 5 à 6 minutes.

Ajoutez-y les haricots, les poivrons, les tomates, le sucre et les épices.

Ajoutez de l'eau dans la casserole, afin de recouvrir le tout et mélangez.

Laissez cuire pendant 40 à 45 minutes.

Ajoutez les tomates séchées et le persil. Laissez sur le feu jusqu'à ce les haricots soient cuits et pour que la sauce s'épaississe.

Secret

Comme alternative aux haricots rouges il est possible d'utiliser des haricots blancs.

Ingrédients

2 kg de haricots rouges,

1 verre à vin d'huile d'olive,

3 oignons coupés en dés,

2 poivrons verts coupés en dés,

1 poivron de Florina coupé en dés,

4-5 tomates pelées et grossièrement concassées,

200 g de tomates séchées et grossièrement concassées,

la moitié d'une botte de persil finement haché,

1 cuillère à café de sucre,

du poivre fraîchement moulu et du sel.

Le Sofrito (veau poêlé et pommes de terre), l'authentique recette originaire de Corfou!

Un goût de Corfou! Le sofrito est l'une des recettes les plus célèbres et favorites de l'île, il est préparé avec beaucoup d'ail et de vinaigre.

Recette pour ● ● ● ● ● ●   60'

Méthode de préparation

Versez l'huile d'olive dans la poêle et faites frire les pommes de terre.

Farinez la viande et la faites-la revenir soigneusement des deux côtés. Faites attention à ne pas la brûler.

Dans une casserole peu profonde, placez les pommes de terre, ajoutez-y la viande, l'ail, le vinaigre, l'huile, du sel, du poivre et versez-y de l'eau.

Portez à ébullition, sans mélanger, secouez juste un peu la casserole. Si nécessaire, ajoutez un peu plus d'eau.

Secret

L'ingrédient phare de cette recette est le vinaigre. Moi, j'en ajoute généralement une bonne dose!

Ingrédients

Escalope de veau 1 kg (semelle/sous noix),

1 kg de pommes de terre découpées en quartiers,

un demi-verre à vin de vinaigre,

1 verre à eau d'huile d'olive,

8 gousses d'ail hachées,

2 tasses d'eau,

un peu de farine pour faire revenir la viande.

© Nika111 | Dreamstime.com

Ragoût de poulet aux gombos

Une recette légère et traditionnelle. Bien que les gombos soient un peu sous-estimés, ils ont aussi de grands amateurs. Portez une attention toute particulière aux secrets de leur préparation!

Recette pour ● ● ● ● ● ●   70′

Méthode de préparation

Équeutez les gombos, enlevez le duvet qui les recouvre, lavez-les et mettez-les dans une passoire pour les égoutter.

Mettez-les ensuite dans une casserole avec le vinaigre et laissez-les au soleil pendant environ une demi-heure.

Dans une autre casserole faites revenir le poulet avec les oignons pendant 8 à 10 minutes.

Ajoutez les tomates, la purée de tomate, le persil, le vinaigre, le sel et le poivre. Ajoutez-y 2 tasses d'eau et laissez le poulet cuire pendant 40 à 45 minutes.

Dans une poêle faites revenir les gombos (faites attention à ne pas les brunir).

Retirez-les avec une écumoire et ajoutez-les dans la casserole où le poulet est cuit.

Laissez-les pendant 10 minutes environ et éteignez le feu.

Secret

Faites attention lors de l'équeutage des gombos. Coupez tout autour de la tige de chaque gombo et faites attention à ne pas les percer, sans quoi leur jus se répandrait.

Ingrédients

1 poulet de taille moyenne (1200-1500 g) coupé en petits morceaux,

4 oignons coupés en rondelles,

1,5 kg de tomates pelées et concassées grossièrement,

un demi-verre à vin d'huile d'olive,

1 cuillère à café de purée de tomate,

1 cuillère à soupe de vinaigre,

1 kg de petits gombos équeutés,

1 verre à vin de vinaigre,

un peu d'huile d'olive pour faire frire les gombos,

3-4 petites branches de persil haché,

du sel,

du poivre.

Aubergines farcies (imam bayildi)

Autrefois, c'était un plat de Constantinople, aujourd'hui on le retrouve dans la cuisine grecque. Une fois qu'on y a goûté on en redemande!

Recette pour ● ● ● ● ● ●　　　　　　　　　　　　　　　　🕐 60'

Méthode de préparation

Préchauffez le four à 180 degrés.

Rincez les aubergines, pelez-les et fendez-les en deux dans le sens de la longueur. Mettez une poêle avec de l'huile sur le feu, laissez chauffer puis commencez à faire frire les aubergines. Retirez-les de la poêle une par une et déposez-les sur un papier absorbant pour éponger le surplus d'huile. Faites frire les pommes de terre avec de l'huile inutilisée un court instant.

Dans une casserole, versez un peu d'huile et quand elle commence à chauffer, ajoutez les oignons, l'ail, le sel, le poivre et le sucre. Faites revenir le tout brièvement jusqu'à ce que ça brunisse légèrement. Réservez quelques-unes des tomates et ajoutez le reste à la casserole avec le persil. Laissez la sauce s'épaissir. La garniture est prête.

Mettez les aubergines une par une dans un plat à four et garnissez-les. Entre les aubergines, mettez les pommes de terre frites. Sur chaque aubergine saupoudrez un peu de chapelure et placez un bâtonnet de kefalograviera.

Ajoutez, sur les pommes de terre frites, un peu de sel et de poivre, le reste des tomates et un peu d'huile d'olive. Enfournez les aubergines pendant environ 20 minutes.

Secret

Vous pouvez remplacer le kefalograviera par du fromage affiné et salé.

Ingrédients

10 belles aubergines noires,

10 pommes de terre découpées en quartiers,

10 oignons émincés,

13 tomates pelées et hachées grossièrement,

7-8 gousses d'ail,

1 botte de persil haché,

4 cuillères à soupe de chapelure,

10 bâtonnet rectangulaires de kefalograviera (type de fromage),

1 tasse d'huile d'olive,

sucre,

sel,

poivre,

un peu d'huile pour la friture.

Savoureuse fasolada (soupe de haricots secs) avec beaucoup de céleri et des poivrons doux de Florina!

Un goût «made in» Grèce! Dans de nombreuses régions de Grèce, cette soupe est accompagnée d'olives, de saucisse ou de hareng grillé.

Recette pour ●●●●●●● 30'

Méthode de préparation

Faites tremper les haricots dans de l'eau pendant 12 heures environ. Filtrez-les et mettez-les de côté.

Dans une casserole, Mettez de l'eau à bouillir. Lorsqu'elle commence à bouillir, ajoutez-y les haricots et blanchissez-les.

Ensuite, filtrez-les et laissez-les égoutter.

Versez assez d'eau dans une autre casserole et quand elle commence à bouillir, mettez-y les haricots blanchis, l'huile d'olive, les tomates, les oignons, le céleri, les carottes, les poivrons, le jus de tomate, le sel, le poivre et le sucre.

Laissez cuire le tout pendant un certain temps à feu doux et laissez le mélange s'épaissir.

Servez la soupe chaude.

Secret

Faites cuire les haricots jusqu'ils soient tendres.

Ingrédients

500g de haricots secs de taille moyenne,

1 botte de céleri en branche grossièrement haché,

7-8 carottes tranchées,

5-6 oignons tranchés,

7-8 tomates pelées et hachées grossièrement,

1 verre à eau de jus de tomate,

2-3 piments entiers,

7-8 poireaux hachés,

1 verre à vin d'huile d'olive,

sucre, sel et poivre, eau.

Courgettes farcies à la viande hachée et à l'avgolemono (sauce aux œufs et au citron)

Un délicieux ragoût! Essayez cette recette avec ou sans viande hachée! Mais surtout, apprenez à réaliser la sauce traditionnelle aux œufs et au citron.

Recette pour ● ● ● ● ● ● ● ●   60′

Méthode de préparation

Lavez soigneusement les courgettes. Coupez leurs extrémités, évidez-les et incisez-les verticalement en quatre points.

Dans une casserole, versez l'huile d'olive avec les oignons et les échalotes puis faite revenir le tout pendant 10 minutes environ. Ajoutez la viande hachée, les tomates et un peu d'eau. Laissez mijoter la viande hachée et lorsqu'elle est presque prête, ajoutez le riz, le jus de citron, le persil, l'aneth, le sel et le poivre. Mélangez et laissez la viande hachée cuire 10 minutes de plus. Puis laissez la garniture refroidir.

Farcissez les courgettes une par une et recouvrez les extrémités ouvertes avec un morceau de la pulpe des courgettes pour éviter que la farce s'échappe. Dans une grande casserole, déposez les courgettes une par une. Disposez sur elle leur pulpe coupée en gros morceaux, ajoutez une cuillère à soupe d'huile d'olive et 1 tasse d'eau. Placez sur les courgettes une grande assiette à l'envers, couvrez la casserole et laissez les bouillir à feu doux.

Préparez la sauce. Fouettez les blancs d'œufs avec l'eau pour obtenir une épaisse meringue, ajoutez les jaunes sans arrêter de fouetter, et puis ajoutez le bouillon de cuisson des courgettes. Ajoutez le jus de citron dans la casserole, et puis la sauce.

Servez chaud.

Secret

Lorsque vous versez la sauce aux œufs et au citron, il vous faut éteindre le feu, sinon la sauce se grumèlera.

Ingrédients

Ingrédients pour les courgettes farcies

10-15 courgettes,

4-5 oignons râpés,

5-6 échalotes,

500 g de viande fraîchement hachée,

2-3 tomates juteuses pelées et concassées grossièrement,

300 g de riz,

1 verre à vin de jus de citron,

1 botte de persil haché,

1 botte d'aneth finement haché,

1 verre à vin d'huile d'olive,

2 cuillères à soupe d'huile d'olive,

sel, poivre.

Ingrédients pour la sauce aux œufs et au citron

2 œufs, 1 verre à vin de jus de citron, 2 gouttes d'eau, 1 verre à eau du jus du ragoût.

La pastitsada traditionnelle… à la cannelle

Il s'agit probablement d'une des recettes les plus populaires de Corfou. C'est un plat aux saveurs et parfums distincts ayant (à juste titre) une place d'honneur à tous les repas de fête!

© Vangelis Paterakis

Recette pour ● ● ● ● ● ● 🕐 90′

Méthode de préparation

Émincez la viande en petits morceaux et faites-les revenir dans une casserole avec les oignons, en faisant attention de ne pas les brunir.

Ajoutez les tomates, le jus de tomate, l'ail, le poivron, le sel, le piment de Cayenne et les épices. Versez beaucoup d'eau dans la casserole (environ 3 verres) et laissez la viande cuire pendant 70-80 minutes.

Quand la viande est cuite, ajoutez suffisamment d'eau dans la casserole.

Lorsque l'eau commence à bouillir, ajoutez-y les pâtes et laissez-les cuire un peu en mélangeant le tout.

Ajoutez le vinaigre et le vin puis, éteignez le feu.

Servez sur un plat.

Saupoudrez d'un peu de cannelle râpée et de beaucoup de fromage râpé.

Mangez ce plat chaud.

Secret

Vous pouvez remplacer le myzithra par du fromage dur, affiné et salé.

Ingrédients

1 kg de veau (collier ou jarret),

500 g de pâtes penne,

6-7 oignons hachés,

1kg de tomates mûres,

1 verre à eau de jus de tomate,

2 gousses d'ail,

1 poivron vert entier,

1 cuillère à café de piment de Cayenne,

2 bâtonnets de cannelle,

1 cuillère à café de clous de girofle,

1 cuillère à café de cannelle moulue,

1 verre de vin blanc,

2 cuillères à soupe de vinaigre,

1 verre à eau d'huile d'olive,

sel et poivre, un peu de fromage myzithra râpé pour garnir.

Petits pains de viande farcis à l'omelette et au graviera

Une autre version des petits pains de viande classique cuits au four. Faites des portions individuelles farcis à l'omelette et laissez-les mijoter dans une sauce tomate aromatique.

Recette pour ● ● ● ● ● ● ● ●   45'

Méthode de préparation

Dans un bol, mélangez bien la viande hachée et le pain, les 2 œufs, la menthe, les oignons et les tomates.

Ajoutez le sel et le poivre.

Dans un autre bol, battez les 6 œufs et mettez-les dans une poêle non-collante avec très peu d'huile, et ajoutez les poivrons, le gruyère, les tomates, le sel et le poivre.

Mélangez-le tout et laissez refroidir.

Pour préparer la sauce, mettez sur feu doux l'huile d'olive, les tomates, le jus de tomate, le sucre, le sel et le poivre.

Déglacez la sauce au vin blanc.

Préparez les petits pains de viande. Prenez un peu de la viande hachée, étalez la sur votre main, et ajoutez une cuillerée d'œufs brouillés. Refermez la viande hachée en lui donnant une forme ovale et mettez la dans la casserole avec la sauce.

Laissez les petits pains à cuire à feu doux.

Quand ils s'attendrissent, éteignez le feu.

Servez ce plat chaud avec ou sans pommes frites.

Ingrédients pour la sauce

Un verre d'huile d'olive, 4 tomates pelées et grossièrement concassées, 1 verre à eau de jus de tomate, un verre de vin blanc, un peu de sucre, sel et poivre.

Ingrédients

Ingrédients pour les pains de viande

1 kg de chair poulet haché,

500 g de pain trempé dans l'eau et soigneusement égoutté,

2 œufs,

1 de menthe finement hachée,

3 oignons râpés,

2 grosses tomates pelées et râpées,

1 poivron vert taillé en brunoise,

1 poivron rouge taillé en brunoise,

1 poivron jaune taillé en brunoise,

300 g de gruyère coupée en cubes,

6 œufs,

2 tomates pelées et grossièrement concassées,

sel et poivre.

Petites bouchées de veau au fromage féta et aux olives de Kalamata

Une recette simple avec quelques des composants les plus élémentaires de la diète méditerranéenne: de la viande, des tomates cerises, des olives et de la féta grecque.

Recette pour ● ● ● ● ● ● ● 25'

Méthode de préparation

Farinez la viande, faites-la revenir dans une poêle à feu doux avec de l'huile d'olive en veillant à ne pas là brûler.

Déglacez la viande avec le vin et le vinaigre.

Ajoutez dans la casserole les oignons, les tomates, le paprika, le sel, le poivre et un peu d'eau.

Laissez-les cuire pendant une heure environ.

Mettez les olives dans un bol avec de l'eau pendant une demi-heure environ.

Quand les ingrédients dans la casserole sont presque cuits, ajoutez les olives et le fromage féta.

Laissez-les à feu doux pendant dix minutes de plus, afin que la sauce s'épaississe.

Servez ce plat chaud.

Ingrédients

1,5 kg de veau coupé en cubes,

30 petits oignons pour le ragoût,

20 tomates cerise entières,

15 olives noires dénoyautées,

15 olives vertes dénoyautées,

1 verre à vin d'huile d'olive,

500 g de fromage féta coupé en morceaux,

un demi-verre de vin blanc,

un demi-verre à vin de vinaigre,

un peu de farine,

un peu de paprika,

sel et poivre.

Artichauts aux petits pois, pommes de terre et beaucoup de citron

Encore un plat cuit en casserole. Simple et décontracté!

Recette pour ● ● ● ● ● ● 30′

Méthode de préparation

Écossez les petits pois. Enlevez la tige des artichauts.

Retirez les feuilles des cœurs et le foin de leur intérieur.

Coupez les cœurs en deux et mettez-les dans l'eau froide avec du jus de citron pour empêcher qu'ils ne s'oxydent.

Versez l'huile dans une casserole et faites revenir les oignons, les poireaux et les herbes.

Ajoutez tous les autres ingrédients dans la casserole et laissez-les mijoter pendant 20 minutes environ.

Ingrédients

1 kg de petits pois frais,

6-8 artichauts frais,

1 oignon râpé,

5 échalotes,

2 poireaux hachés,

un peu d'aneth haché,

un peu de fenouil haché,

4-5 pommes de terre coupées en quartiers,

4 tomates,

1 verre à eau de jus de tomate,

1 verre à vin d'huile d'olive,

un demi-verre à vin de jus de citron,

1 demi-cuillère à café de sucre,

sel et poivre.

© Franz Pfluegl | Dreamstime.com

Poulet braisé aux chilopites (nouilles grecques)

C'est probablement l'un des plats grecques du dimanche le plus célèbre, que l'on déguste quand toute la famille se réunie.

Recette pour ● ● ● ● ● ● ●   20'

Méthode de préparation

Dans une casserole, mettez l'huile, l'oignon et les morceaux de poulet. Faites-les sauter à feu doux 8 à 10 minutes environ.

Ajoutez les tomates, la purée de tomate, le sel, le poivre, le sucre et 2 verres d'eau. Laissez mijoter le poulet.

Si nécessaire, ajoutez un peu plus d'eau.

Faites bouillir les nouilles selon les instructions écrites sur l'emballage.

Quand elles sont cuites, égouttez-les et ajoutez-les immédiatement dans la casserole avec le poulet.

Laissez mijoter pendant 3 à 5 minutes et éteignez le feu.

Servez ce plat saupoudré de fromage myzithra râpé.

Secret

Vous pouvez remplacés le myzithra avec du fromage dur, affiné et salé.

Ingrédients

1300-1500 g de poulet coupé en petits morceaux,

2 oignons râpés,

1 verre à vin d'huile d'olive,

1 kg de tomates pelées et grossièrement concassées,

1 cuillère à soupe de purée de tomate,

500 g de nouilles,

fromage myzithra râpé,

du sel,

du poivre, du sucre.

Le fameux agneau cuit au four au citron et à l'origan

Un goût typiquement Grec! Son secret se trouve dans la cuisson et en ajoutant beaucoup de citron! Essayez cette recette le dimanche après-midi.

Recette pour ● ● ● ● ● ●   30'

Méthode de préparation

Préchauffez le four à 180 degrés.

Lavez soigneusement la viande, mettez-la dans un plat à four, assaisonnez-là avec le sel, le poivre et l'origan.

Avec un couteau pointu faites de petites entailles dans la viande d'agneau à plusieurs endroits et insérez dans les trous les petits morceaux d'ail.

Épluchez les pommes de terre et coupez-les.

Assaisonnez-les avec du sel, du poivre, de l'origan et éparpillez-les tout autour de la viande.

Versez l'huile d'olive et le jus de citron sur la viande et sur les pommes de terre. Ajoutez beaucoup d'eau, couvrez le plat à four avec du papier aluminium et mettez-le au four. Laissez mijoter.

Lorsque c'est presque prêt, retirez le papier aluminium et laissez dorer la viande et les pommes de terre.

Servez ce plat chaud avec une bonne horiatiki (salade grecque).

Ingrédients

2 kg de viande d'agneau,

2 kg de pommes de terre,

1 verre à vin d'huile d'olive,

1 verre à eau de jus de citron,

6 gousses d'ail,

origan,

sel et poivre.

Youvetsi préparé à la casserole (ragoût de veau)

Quel plat merveilleux pour déjeuner tous ensemble! Essayez d'ajouter des petits morceaux d'aubergines, de courgettes et de poivrons de Florina. Une variante du Youvetsi... et vraiment très aromatique.

© Vangelis Paterakis

Recette pour ● ● ● ● ● ●   20'

Méthode de préparation

Dans une casserole, faites chauffer l'huile et ajoutez l'oignon, la viande, la courgette, l'aubergine, le poivron, le sel, le poivre et le sucre. Faites-les rissoler pendant 3 à 4 minutes, en remuant constamment.

Ajoutez les tomates, le jus de tomate, le vinaigre, et puis recouvrez la casserole d'eau chaude de façon à recouvrir tous les ingrédients et laissez mijoter. Si nécessaire, pendant la cuisson rajoutez de l'eau jusqu'à ce que la viande soit cuite.

Ajoutez 5-6 verres d'eau chaude et quand l'eau se met à bouillir, ajouter l'orzo. Réduisez le feu et remuez constamment pour éviter que l'orzo ne colle.

Servez chaud avec du poivre fraîchement moulu et du fromage myzithra râpé.

Secrets

1. Vous pouvez remplacer l'orzo par des chilopites ou tout autre type de pâtes que vous avez.
2. Le youvetsi, cuit au four, est tout aussi délicieux.
3. Mais selon moi, il est plus juteux quand il est cuit dans une casserole.
4. Vous pouvez aussi utiliser du fromage affiné salé à la place du myzithra.

Ingrédients

1,5 kg de veau (jarret) coupé en petits morceaux,

un verre à vin d'huile d'olive,

1 oignon émincé en brunoise,

1 courgette taillée en brunoise,

1 aubergine taillée en brunoise,

1 poivron de Florina taillé en brunoise,

du sel,

du poivre fraîchement moulu,

un peu de sucre,

7-8 tomates pelées et grossièrement concassées,

1 verre à vin de jus de tomate,

vinaigre,

500 g d'orzo épais,

un peu de myzithra (fromage salé) râpé pour garnir.

Bouchée de morue à la skordalia (sauce à l'ail grecque)

Qui a dit qu'il était difficile de faire de la morue à l'ail ? Coupez la morue en petites bouchées et plus personne ne pourra s'arrêter d'en manger...

Recette pour ● ● ● ● ●

 60'

Méthode de préparation

Découpez la morue en morceaux, retirez sa peau et mettez-la dans un grand bol d'eau pour la dessaler. Laissez-la dans le bol pendant 12 heures environ et changez l'eau quatre ou cinq fois. Égouttez bien et retirez les arêtes.

Dans un autre bol, mélangez la bière avec la farine et ajouter le paprika doux et un peu de poivre. Mélangez bien ces ingrédients afin de réaliser une pâte. Dans une poêle versez l'huile d'olive, puis lorsqu'elle est suffisamment chaude, plongez les morceaux de morue dans la pâte et mettez-les un par un dans l'huile bouillante.

Faites la skordalia séparément. Pelez l'ail, mettez-le dans un mortier et réduisez-le en pâte à l'aide d'un pilon. Mettez l'ail dans un bol, ajoutez les pommes de terre en purée et ajoutez alternativement l'huile d'olive, le vinaigre, le jus de citron, le sel et le poivre. La skordalia doit avoir la texture d'une sauce. Servez la morue chaude accompagnée d'une cuillerée de skordalia.

Ingrédients

1000-1200 g de morue salée,

de l'huile pour la friture,

1 verre à eau de bière,

1 verre à eau et 2 cuillères à soupe de farine avec levure incorporée,

un peu de paprika,

1 ail,

1.5 kg de pommes de terre bouillies et pelées,

2 tasses et demi d'huile,

une demi-tasse de vinaigre,

une demi-tasse de jus de citron,

sel et poivre.

Ragoût de perche blanche au jus de citron et aux pommes de terre

Voici une autre des recettes favorites de ma mère. On fait mijoter la perche à la casserole avec beaucoup de jus de citron et d'ail. C'est un délice! Essayez ce plat avec un verre de bon vin blanc.

Recette pour ● ● ● ● ○   40'

Méthode de préparation

Salez et poivrez les pommes de terre et étalez-les dans une grande casserole

Ajoutez la perche, l'ail, le sel, le poivre et 2 verres d'eau.

Mettez la casserole sur un feu moyen et laissez mijoter le tout jusqu'à le tout s'attendrisse.

Mélangez le jus de citron et l'huile d'olive dans un shaker et versez le mélange dans la casserole.

Laissez mijoter 3 à 4 minutes et éteignez le feu.

Secrets

1. Quand vous versez le mélange de jus de citron et d'huile d'olive dans la casserole les ingrédients doivent être cuits et secs.
2. Si vous ne voulez pas que le plat soit trop citronné, mettez moins de citron.
3. Utilisez du poivre blanc.

Ingrédients

1200-1300 g de perche coupé en morceaux,

1 kg de pommes de terre coupé en rondelles,

6-7 gousses d'ail hachées,

1 verre à vin d'huile d'olive,

1 verre à eau de jus de citron,

sel et poivre blanc.

© Alexander Potapov | Dreamstime.com

La Giouvarlakia de notre grand-mère (soupe de boulettes de viande)

La Giouvarlakia est une recette sous-estimée. Cette recette est vraiment celle que notre grand-mère avait l'habitude de nous préparer. Essayez-la et découvrez son goût extraordinaire!

Recette pour ● ● ● ● ●

 40′

Méthode de préparation

Dans un bol, mélangez le bœuf haché avec les oignons, le riz, l'huile d'olive, le persil, les œufs, les tomates râpées, le sel et le poivre.

Faites des petites boulettes avec le mélange et farinez-les.

Dans une casserole, mettez de l'eau et ajoutez-y un verre à vin d'huile d'olive, un peu de sel, les tomates grossièrement hachées et le jus de citron. Si vous voulez, ajoutez une pomme de terre découpée en petits morceaux. Lorsque l'eau commence à bouillir, ajoutez les boulettes dans la casserole une par une et laissez-les mijoter jusqu'à ce qu'elles deviennent moelleuses et tendres, Remuez 2 à 3 fois la casserole pour ne pas les bruler. Prenez soin de les mélanger à l'aide d'une cuillère pendant la cuisson pour ne pas les écraser.

Secrets

1. Évitez que les boulettes ne s'émiettent.
2. Laissez-les s'attendrir dans la casserole.

Ingrédients

1 kg de viande de bœuf hachée,

1 tasse de riz à grains ronds,

4 oignons râpés,

1 tasse d'huile d'olive,

1 botte de persil finement haché,

2 œufs,

3 tomates juteuses pelées et râpées,

1 verre à vin d'huile d'olive,

1 verre à vin de jus de citron,

2 tomates juteuses pelées et grossièrement concassées,

un peu de farine,

sel et poivre.

Ragoût de porc aux poireaux et au céleri… Ceci se passe de commentaires

Un excellent plat pour l'hiver. Mais aussi pour les grandes occasions.

Recette pour ● ● ● ● ● ● 50'

Méthode de préparation

Mettez de l'eau dans une casserole, et faites bouillir la viande pendant 30 minutes environ. Égouttez la viande et réservez-la.

Faites bouillir le lait séparément, ajoutez les poireaux et laissez-les mijoter pendant dix minutes environ. Égouttez bien les poireaux.

Faites revenir la viande avec l'huile d'olive et la ciboule dans une casserole pendant dix minutes environ. Déglacez avec le jus de citron et salez et poivrez. Ajoutez dans la casserole les poireaux, le céleri, l'aneth, les tomates et un peu d'eau. Laissez mijoter le tout jusqu'à ce que le liquide s'évapore. Lorsque la viande est bien tendre, ajoutez-y la sauce à base d'œufs et de citron. Fouettez le blancs des œufs avec de l'eau pour obtenir une épaisse meringue, ajoutez les jaunes sans arrêter fouetter, et puis finalement ajoutez le bouillon de cuisson. Ajoutez le jus de citron dans la casserole, et puis la sauce.

Remuez pour mélanger bien la sauce. Servez chaud.

Secret

Quand vous versez la sauce à base d'œufs et de citron, le feu doit être éteint afin d'éviter que la sauce ne se grumelle à cause du citron.

Ingrédients

1 kg de viande de porc coupée en morceaux,

1 kg de poireaux coupés en lanières,

1 botte de ciboule,

1 botte de céleri haché,

1 botte d'aneth haché,

1 verre à vin d'huile d'olive,

1 verre à eau de jus de citron,

500 g de lait,

2-3 tomates entièrement pelées,

2 œufs,

sel et poivre.

Ingrédients pour la sauce aux œufs et au citron

2 œufs, 1 verre à vin de jus de citron, 2 gouttes d'eau, 1 verre à eau du bouillon de cuisson.

Aubergines farcis sauce féta

L'aubergine est un légume favori de l'été et il se marie très bien avec la féta.

Recette pour ● ● ● ● ● ● ● 20'

Méthode de préparation

Préchauffer le four à 160 degrés. Dans une casserole ajoutez l'huile d'olive, l'oignon et le poulet et faites revenir le tout à feu doux pendant 10 minutes. Ajoutez la menthe, le sel, le poivre, le sucre et le jus de tomate. Laissez le poulet mijoter et résorber son propre jus.

Faites des incisions sur les aubergines à 2 ou 3 endroits, faites-les frire et laissez-les refroidir

Dans une casserole versez le lait, chauffer-le et ajoutez la semoule, remuez constamment à feu doux. Quand la crème s'épaissit, retirez la casserole du feu et laissez-la refroidir. Ajoutez les œufs un par un, le sel, le poivre, la muscade et finalement la féta et mélangez tous les ingrédients.

Remplissez les aubergines une par une avec le mélange et mettez-les dans un plat à four, l'une à côté de l'autre, sans laisser d'espace. Mettez sur chaque aubergine une cuillère à soupe de sauce et saupoudrer-les avec un peu de chapelure.

Versez dans le plat à four un verre à vin d'eau, ajoutez les tomates, que vous avez salé et poivré, et couvrez le plat à four avec du papier aluminium.

Faite cuire au four pendant 20 à 25 minutes et puis retirez le papier aluminium et renfournez le plat pendant 5 minutes afin qu'elles obtiennent une belle couleur.

Ingrédients

10 aubergines,

500 g de poulet coupé en dés,

2 oignons,

4-5 tomates grossièrement hachées,

1 botte de menthe hachée,

1 verre à vin d'huile d'olive,

1 verre à vin de jus de tomate,

300 g de féta coupée en gros morceaux,

3 cuillères à soupe de chapelure,

sel, poivre, sucre,

2 verres à eau de lait,

3 cuillères à soupe de semoule,

2 œufs, noix de muscade,

un peu de chapelure.

Ragoût de seiche bien assaisonné et orzo

Savourez un délicieux plat préparé dans une casserole. Une autre façon de préparer la seiche, accompagnée d'un verre d'ouzo, de bière ou de vin.

© Vangelis Paterakis

Recette pour ● ● ● ● ● ●  40′

Méthode de préparation

Nettoyez les seiches, lavez-les avec beaucoup d'eau et égouttez-les bien.

Faites revenir les oignons (les deux sortes, ceux coupés en rondelles et les nouveaux) et les poireaux avec l'huile d'olive dans une poêle pendant 2 à 3 minutes.

Ajoutez les seiches coupées en rondelles (ou entières si elles sont petites) et déglacez avec du vin. Ajoutez les tomates, le thym, le sel, le poivre et le sucre.

Mélangez, laissez cuire les seiches et laissez la sauce s'épaissir.

Faites bouillir l'orzo séparément. Égouttez-le et mélangez-le avec 2 cuillères à soupe d'huile d'olive.

Ajoutez l'orzo dans la casserole avec la sauce et les seiches et remuez la casserole pour mélanger tous les ingrédients.

Servez avec du poivre fraîchement moulu et du fenouil haché.

Ingrédients

1300-1500 g de seiches,

2 oignons coupés en rondelles,

10-12 d'oignons nouveaux hachés,

3-4 poireaux hachés,

3-4 tomates grossièrement concassées,

une demi-botte de fenouil haché,

1 verre à vin d'huile d'olive,

1 verre de vin blanc,

1 sachet d'orzo,

un peu de thym,

du sel, du poivre, du sucre.

Boulettes de viande frites et croustillantes

Comment résister à la tentation de manger une boulette de viande fraîchement préparé et toute chaude? C'est une saveur que nous aimons depuis notre plus tendre enfance!

Recette pour ● ● ● ● ●

 40'

Méthode de préparation

Dans un bol, incorporez tous les ingrédients et mélangez bien.

Faites des petites boulettes de viande et farinez-les.

Mettez l'huile d'olive dans une poêle et quand elle commence à chauffer, mettez-y les boulettes et faites-les frire.

Accompagnez les boulettes de frites.

Ingrédients

500 g de bœuf haché,

250 g de pain sec trempé dans l'eau et très bien égoutté,

1 œuf,

2 oignons râpés,

une demi-botte de persil haché,

une demi-botte de menthe hachée,

1 tomate râpée,

1 tasse d'huile d'olive,

sel, poivre et origan,

huile pour la friture et un peu de farine pour les boulettes de viande.

© Juan Moyano | Dreamstime.com

Yahni de chou-fleur (ragoût)

Vous pensiez que la seule façon de faire cuire un chou-fleur était de le bouillir? N'est-ce pas! Eh bien voici pour vous une autre façon de le cuire! Un chou-fleur peut également être délicieux en ragoût avec beaucoup de cannelle.

© Vangelis Paterakis

Recette pour ● ● ● ● ●   40'

Méthode de préparation

Coupez la partie blanche du chou-fleur, lavez-la bien et égouttez-la.

Mettez une casserole au feu avec un filet d'huile d'olive et quand elle devient chaude, faites frire le chou-fleur un court moment. Puis mettez-le dans une grande casserole.

Dans une autre casserole, à feu doux, mettez 1 verre à vin d'huile d'olive, les oignons, du sel, du poivre, un peu de sucre, de la cannelle et les tomates et laissez mijoter la sauce.

Quand la sauce est presque prête, versez-la dans la casserole avec le chou-fleur. Laissez cuire le tout jusqu'à ce que la sauce s'épaississe.

Ce plat peut être servi froid ou tiède.

Ingrédients

1 kg de chou-fleur (la partie blanche uniquement),

de l'huile d'olive pour la friture,

4 oignons râpés,

10 tomates pelées et grossièrement concassées,

1 verre à vin d'huile d'olive,

un peu de sucre et de cannelle,

sel et poivre.

© Dmitry Kosterev | Dreamstime.com

Haricots de lima cuits au four avec des herbes

Il s'agit peut-être là des haricots de lima les plus savoureux que vous n'ayez jamais goûté! Aromatiques et légers, ils peuvent être consommés tout au long de l'année.

Recette pour ● ● ● ●   40'

Méthode de préparation

Mettez les haricots dans un bol avec beaucoup d'eau pour le faire tremper (10 à 12 heures). Puis faites-les bouillir pendant 15 à 20 minutes. Égouttez-les et réservez-les.

Dans une casserole, faites revenir avec l'huile d'olive les oignons et les poireaux pendant 10 minutes environ. Ajoutez du sel, du poivre et un peu de sucre. Puis ajoutez les tomates, les carottes, les pommes de terre et un peu d'eau. Mélangez et laissez le tout sur le feu pendant 15 minutes environ.

Mettez les haricots dans un plat à four, ajoutez les épinards, le persil, l'aneth et mettez-les au four pour qu'ils résorbent leur jus et s'épaississent.

Servez chaud ou tiède. Si vous le voulez, vous pouvez ajouter un peu de fromage râpé.

Ingrédients

500 g de haricots de lima,

1 verre à vin d'huile d'olive,

6 à 8 oignons coupés en rondelles,

200 g d'oignons nouveaux hachés,

200 g de poireaux coupé en rondelles,

1 kg de tomates pelées et grossièrement concassées,

200 g de carottes coupées en rondelles,

2-3 pommes de terre taillées en brunoise,

200 g d'épinard coupé grossièrement,

1 botte de persil haché,

1 botte d'aneth haché, sel et poivre.

La moussaka traditionnelle, légère et aromatiqueht

La moussaka est un plat classique de l'été, très savoureux et consistant.

Recette pour ●●●●●●●●● 40'

Méthode de préparation

Faites frire les aubergines, les courgettes et les pommes de terre.

Dans une casserole, mettez les oignons avec l'huile d'olive et faites-les revenir pendant 8-10 minutes, puis ajoutez la viande hachée, les tomates, le sel, le poivre, la cannelle et les clous de girofle. Mélangez et ajoutez de l'eau petit à petit et laissez mijoter jusqu'à ce que tout le jus se résorbe. Mélangez pour que la viande hachée ne fasse pas de grumeaux.

Versez le lait ans une casserole, chauffez et ajoutez la semoule, remuez constamment à feu doux. Quand la crème s'est épaissie, retirez la casserole du feu et laissez refroidir. Ajoutez les œufs un par un et ajoutez le sel, le poivre, la muscade et le fromage râpé. Remuez bien pour mélanger tous les ingrédients.

Sur un plat de cuisson, disposez, tout d'abord, les pommes de terre, puis les courgettes et les aubergines. Ensuite la viande hachée et enfin la béchamel. Saupoudrez de paprika doux.

Mettez le plat de cuisson dans un four préchauffé à 160 degrés pendant 25-30 minutes.

Ingrédients

4 aubergines coupées en tranches,

4 courgettes coupées en tranches,

4 pommes de terre coupées en tranches,

500 g de viande hachée de bœuf,

2 oignons hachés,

1 kg de tomates grossièrement concassées,

un demi-verre à vin d'huile d'olive,

sel, poivre, cannelle,

clous de girofle,

2 verres à eau de lait,

3 cuillères à soupe de semoule,

2 œufs,

sel, poivre, muscade,

200 g de fromages divers râpés,

2 cuillères à soupe de paprika.

Bouchées de poulet à l'aneth et aux courgettes

Une recette très légère et parfumée, surtout quand on utilise des courgettes de saison.

Recette pour ● ● ● ● ● ● 40′

Méthode de préparation

Dans une casserole au feu doux, dorez bien le poulet avec de l'huile d'olive.

Ajoutez les courgettes, que vous aurez fait frire au préalable, le sel, le poivre et un peu d'eau.

Laissez-les cuire.

Quand ils sont presque prêts, ajoutez le jus de citron et l'aneth.

Laissez les ingrédients mijoter tous ensemble afin qu'ils s'attendrissent (et obtiennent une belle couleur doré).

Servez sans attendre en ajoutant du poivre fraîchement moulu.

Ingrédients

1 poulet (1,5 kg environ) coupé en petits morceaux,

5 courgettes coupées en tronçons,

1 verre à vin d'huile d'olive,

1 verre à eau de jus de citron,

1 petit botte d'aneth finement hachée,

sel et poivre,

poivre fraîchement moulu pour garnir.

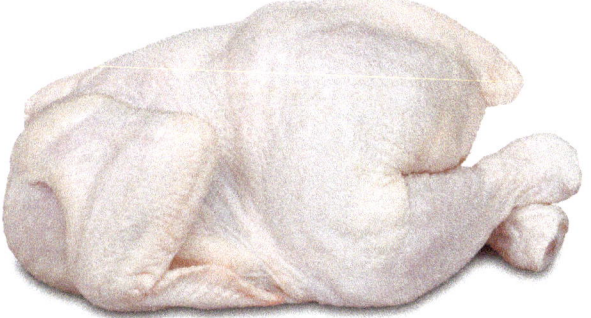

© Juri Samsonov | Dreamstime.com

Ragoût de porc aux haricots secs

Le temps est venu d'essayer les haricots et les courgettes avec du porc!

Recette pour ● ● ● ● ● ● ● ●    30'

Méthode de préparation

Dans une casserole à feu doux, faites revenir le porc et les oignons pendant dix minutes environ. Puis, ajoutez les tomates, le jus de tomate, le sucre, le sel, le poivre et un peu d'eau. Laissez cuire pendant une demi-heure. Ajoutez les haricots secs, les cocos roses, les courgettes, le persil, la menthe et encore un peu d'eau. Laissez mijoter le tout à feu doux jusqu'à ce qu'ils s'attendrissent.

Servez sans attendre en ajoutant du poivre fraîchement moulu.

Secrets

1. Pendant la cuisson, remuez soigneusement la casserole quelques fois.
2. Ne mélangez pas avec une cuillère pour éviter que les haricots et les courgettes ne se brisent.
3. Une alternative aux haricots rouges serait d'utiliser des haricots blancs.

Ingrédients

1,5 kg de porc coupé en petits morceaux,

500 g de haricots rouges,

500 g de cocos roses (haricots borlotti),

500 g de petites courgettes,

1 kilo de tomates pelées et grossièrement concassées,

1 verre à eau de jus de tomate,

3 oignons râpés,

1 botte de persil haché,

1 botte de menthe hachée,

1 verre à vin d'huile d'olive,

un peu de sucre,

sel et poivre,

un peu de poivre fraîchement moulu pour garnir.

Salade de crevettes avec du riz, colorée et parfumée!

L'assaisonnement et le mélange de citron dans une saveur unique qui dure depuis des années et des années!

Recette pour ● ● ● ● ● ● 40'

Méthode de préparation

Faites bouillir le riz selon les instructions sur l'emballage.

Égouttez-le et laissez-le refroidir.

Dans un grand saladier, mélangez le riz, les crevettes et tous les restes d'ingrédients.

Agitez vigoureusement dans un shaker l'huile d'olive, le jus de citron, la moutarde, le sel, le poivre et le paprika.

Puis versez le contenu du shaker sur la salade et mélangez le tout.

Couvrez-la avec un film alimentaire et réservez-la au réfrigérateur pour qu'elle refroidisse.

Avant de servir la salade, mélangez-la à nouveau.

Ingrédients

2 tasses de riz à grains ronds,

800 g de crevettes bouillies pelées et coupées en morceaux,

1 botte de céleri finement haché,

1 botte de roquette finement hachée,

6-7 radis découpés en dés,

2 pommes verte pelées et découpées en dés,

1 boîte de conserve de maïs,

2 petits concombres coupés en dés,

2-3 oignons nouveaux,

1 verre à eau d'huile d'olive,

un demi-verre à eau de jus de citron,

un peu de moutarde en poudre,

poivre,

sel, un peu de paprika doux.

© Alexander Raths | Dreamstime.com

Bouillabaisse... soupe de poisson

Cette recette nous fait voyager sur une île. Le bon goût de poisson grecque frais... Si vous le souhaitez, ajoutez une ou deux crevettes ou également des écrevisses.

© Vangelis Paterakis

Recette pour ● ● ● ● ● ●   45'

Méthode de préparation

Videz et lavez soigneusement le poisson.

Dans une casserole à feu doux, mettez l'huile d'olive, les carottes, les oignons, le céleri et les courgettes et faites revenir le tout pendant dix minutes environ.

Mettez de l'eau dans la casserole et attendez que le tout bout avant d'ajouter le poisson et les pommes de terre. Quand le poisson est presque cuit, ajoutez du sel, du poivre, le jus de citron, les tomates et le safran. Laissez mijotez les ingrédients, ajoutez les feuilles de laurier et laissez la casserole sur le feu pendant dix minutes environ.

Éteignez le feu et servez la soupe chaude dans un plat creux avec du poivre fraîchement moulu. Servez le poisson séparément dans un autre plat. Si vous voulez désarêter le poisson, coupez-le en petits morceaux et ajoutez-les à chaque bol de soupe.

Ingrédients

1 kg de poisson (dorade royale,

mérou,

rascasse ou cabillaud),

5 carottes coupées en rondelles,

5 oignons émincés,

5 pommes de terre entières de taille moyenne,

5 tomates pelées et grossièrement concassées,

1 grosse botte de céleri finement haché,

5 petites courgettes,

3 feuilles de laurier,

1 verre à vin d'huile d'olive,

1 verre à eau de jus de citron,

1 pincée de safran,

10 grains de poivre noir,

sel et poivre fraîchement moulu pour garnir.

Loukoumades au miel et au yaourt

Tout le monde apprécie les loukoumades et ce à n'importe quel moment de la journée! Comment faire pour arrêter d'en manger une fois qu'on y a goûté?

© Vangelis Paterakis

Recette 30 petits beignets   60′

Méthode de préparation

Dans un bol, mettez la farine, ajoutez le yaourt, l'huile d'olive, les œufs et le zeste de citron et d'orange. Mélangez soigneusement tous les ingrédients jusqu'à ce qu'ils s'amalgament parfaitement. Couvrez le bol avec un torchon de cuisine et laissez la pâte reposer pendant 30 minutes.

Mettez sur le feu une poêle à frire avec de l'huile d'olive et quand elle commence à chauffer, versez-y la pâte cuillère par cuillère et faites frire les beignets jusqu'à ce qu'ils obtiennent une belle couleur dorée.

Parsemez les noix et la cannelle râpée sur un plat. Avec une écumoire retirez les beignets de la friture et déposez-les sur le plat. Dressez avec le restant de noix et de cannelle ainsi qu'avec le miel.

Ingrédients

1 tasse de yaourt,

4 cuillères à soupe d'huile d'olive,

2 œufs,

la moitié d'une tasse de farine avec levure incorporée,

zeste de citron et d'orange,

de l'huile d'olive pour la friture,

200 g de noix finement concassé,

1 cuillère à soupe de cannelle moulue,

4-5 cuillères à soupe de miel.

© Alexstar | Dreamstime.com

Samali (gâteaux de semoule au sirop)

Un classique dessert au sirop. Vraiment simple et incroyablement savoureux!

Recette pour ● ● ● ● ● ● ●   65'

Méthode de préparation

Préchauffez le four. Dans un grand bol, mettez la semoule, le sucre, le bicarbonate de soude, le mastic, l'eau et le jus d'orange, dans lequel vous aurez incorporé la levure chimique. Laissez les ingrédients tel quel, sans les mélanger, dans le bol recouvert d'un torchon de cuisine pendant deux heures environ. Ensuite mélanger soigneusement le tout pour obtenir un mélange parfaitement homogène.

Badigeonnez le plat à four d'huile d'olive. Mettez dans le plat à four le mélange, découpez le dessert en part et faites-le cuire pendant 45-50 minutes dans un four préchauffé. Préparez le sirop. Sortez le gâteau du four, laissez-le refroidir et puis nappez le gâteau avec le sirop chaud.

Secret

Servez le gâteau tel quel ou avec de la glace parfumée au mastic!

Ingrédients

1 tasse et demi de semoule fine,

1 tasse de semoule à gros grain,

1 tasse et demi de sucre,

1 cuillère à café de bicarbonate de soude,

1 cuillère à café de mastic écrasé,

2 tasses de jus d'orange,

1 cuillère à café de levure chimique,

1 verre d'eau.

<u>Ingrédients pour le sirop</u>

2 verres d'eau, 2 verres à eau de sucre, 3 cuillères à soupe de jus de citron, 1 demi-citron.

Confiture aux 3 pêches faite à la maison

Les fruits d'été ont un goût extraordinaire. Réalisez une merveilleuse recette maison pour profiter de leur saveur toute l'année. Goûtez un peu de confiture avec du yaourt.

Recette 1 kg de confiture environ

 60'

Méthode de préparation

Lavez bien les fruits, dénoyautez-les et coupez les pêches en gros morceaux.

Versez dans une casserole la moitié du sucre, posez les fruits sur le sucre et versez le reste du sucre par-dessus.

Mettez la casserole sur le feu et mélangez jusqu'à ce que le sucre fonde. Avec une écumoire écumez la confiture.

Ajoutez les brins de pélargonium et faites bouillir la confiture pour qu'elle s'épaississe.

Afin de savoir si la confiture s'est épaissie, vous pouvez placer un thermomètre dans la casserole et éteindre le feu lorsque la température atteint les 105 degrés.

Sinon, prenez une cuillère à café du sirop de la confiture, versez-le sur une assiette, si le sirop ne se répand pas, la confiture est prête.

Ajoutez le jus de citron, faites bouillir la confiture pendant encore 1 à 2 minutes et retirez la casserole du feu.

Laissez la confiture refroidir et puis mettez-la dans des bocaux stérilisés et hermétiques.

Ingrédients

1 kg de pêches dénoyautées de différents types (pêches, nectarines, brugnons),

700 g de sucre,

1 cuillère à soupe et demi de jus de citron,

2 brins de pélargonium (géranium rose).

Vissinada (sirop de griottes), une boisson de bienvenue!

Il s'agit littéralement du parfait délice grec!

Recette 1 litre de jus de griottes   60'

Méthode de préparation

Lavez bien les griottes et laissez-les égoutter dans une passoire. Dénoyautez- les à l'aide d'un dénoyauteur ou encore avec un trombone, mettez les griottes dans un bol et écrasez-les bien afin d'extraire tout leur jus.

Filtrez les griottes et versez leur jus dans une casserole avec le sucre et portez le mélange à ébullition.

Quand il s'épaissit, ajoutez le jus de citron et d'orange, laissez le tout bouillir pendant 2 à 3 minutes et éteignez le feu. Le sirop ne doit pas être trop épais.

Laissez le sirop de griottes refroidir et versez-le dans des bouteilles sèches et stérilisés.

Servez le jus de griottes dans un grand verre avec de l'eau bien fraîche.

Versez dans chaque verre deux doigts de sirop de griotte et remplissez le reste avec de l'eau. Remuez le sirop de griotte dans le verre avec une cuillère et servez.

Secrets

1. Le sirop de griottes se marie également très bien avec du yaourt ou de la glace.
2. Utilisez un trombone ou un cure-dent si vous n'avez pas de dénoyauteur.

Ingrédients

1 kg de griottes mûres,

900 g de sucre,

1/2 verre à vin de jus de citron et d'orange.

© Tiziano Casalta | Dreamstime.com

Eirini Togia

"Rena de Ftelia": 35 années de créativité dans la cuisine grecque

Eirini (ou Rena) Togia est née à Corfou et vit aujourd'hui à Athènes avec sa famille. Elle a ouvert son premier restaurant en 1979 sur la plage de Ftelia à Mykonos, ainsi appelé "Rena de Ftelia". Le restaurant a été vite connu comme un lieu de prédilection pour les touristes et les gourmets de l'île, et fut suivi par un deuxième restaurant à Athènes en 1985. Pour longtemps les deux restaurants fonctionnaient parallèlement. Depuis de nombreuses années, le "Rena de Ftelia" a su se démarquer parmi les 10 meilleurs restaurants à Athènes.

Rena représente la cuisine créative grecque de manière assidu et éthique, en mettant l'accent sur la qualité et la fraîcheur des ingrédients, les denrées alimentaires de base de la diète méditerranéenne (l'huile d'olive, les herbes fraîches et les épices de saison) ainsi que sur les recettes classiques et traditionnelles.

Rena a reçu de nombreuses distinctions lors de compétitions européennes et internationales. Parmi ses récentes distinctions:

• En 2008, elle a représenté la cuisine grecque durant la "Semaine Gastronomique Grecque", organisée par l'Office National du Tourisme Hellénique (GNTO) à Pékin. Pour cet événement, un réfrigérateur entier a été transporté depuis la Grèce afin d'assurer la qualité et la fraîcheur des ingrédients!

• Dans la même année, elle a représenté la Grèce lors du "Salon international du tourisme" à Shanghai, recevant des critiques élogieuses des organisateurs.

• En 2004, elle a remporté le prix de la "2e meilleure femme chef du monde" lors de la compétition internationale des "Gourmand World Cookbook Awards" à Barcelone.

À ce jour, Rena a révélé ses secrets dans de nombreux livres qui ont été publiés en plusieurs langues et ont reçu des distinctions européennes et internationales. En 2008, l'Office National du Tourisme Hellénique (GNTO) a chargé Rena d'écrire un livre de "Recettes Méditerranéennes de Grèce", qui a été publié en anglais et en chinois.

En 2004, son livre intitulé "Pâtisseries et Desserts de Rena" a remporté le prix du "Meilleur livre de cuisine au monde" lors du concours des "Gourmand Cookbook" à Barcelone. Lors de la même compétition, ses livres "Pâtisseries et Desserts" et "Cuisine Méditerranéenne Grecque" ont obtenu des distinctions spéciales, et ont été traduits et publiés en anglais et en allemand peu de temps après.

Au cours des dernières années, Rena a collaboré avec des éditeurs de renom et producteurs grecs sur les recettes et les secrets de la cuisine grecque. En 2013, elle a passé le flambeau à ses deux filles qui ont ouvert leur premier restaurant.

À l'heure actuelle, elle prépare une émission de télévision et participe à des événements à l'étranger, où la cuisine et la tradition grecque sont représentées.